As Doze Frases Imutáveis
o Texto Raiz e Comentário

Traduzido para o português por BlueBird
Desenhos tradicionais da linhagem criados por Norbu Lhundrub

Namkha Publications
P.O. Box 65
Freedom, CA 95019 USA
namkha2018@yahoo.com
https://www.kunsanggarcenter.org/namkha

ISBN: 978-8-9937738-8-9

Índice

Geshe Dangsong Namgyal

O diretor espiritual do Kunsang Gar, Geshe Dangsong Namgyal, é professor budista, erudito, autor e mestre de meditação. Como professor *Rimé*, abrange todas as tradições, escolas Bön e do Budismo Tibetano.

Nascido na região de Kham, no Tibete, recebeu formação básica na cultura espiritual Bön, preliminares iniciais, tantra, rituais e Dzogchen de seu pai, tios, do iogue Dzogchen Uri Lama Tsultrim Gyaltsen, Togdhen Sherab e Togdhen Sherab Phuntsok. Aos quinze anos, entrou no Mosteiro Lungkar, onde estudou meditação (*drub dra*) com Khenpo Nyima Lodo e Lopon Tsultrim Namdag.

Em 1991, atravessou a cordilheira do Himalaia para continuar seus estudos na shedra do Mosteiro Menri, na Índia. Em 1995, Geshe Namgyal frequentou o Mosteiro Sera Jey, no sul da Índia, e recebeu ensinamentos de muitos grandes mestres. Completou um curso de dez anos em Lógica e Epistemologia Budista, Madhyamaka, sutra yana (Prajnaparamita) e os estágios do caminho para o estado de Buda.

Em 2005, frequentou o mosteiro Bön Triten Norbutse, no Nepal, estudando com Lopon Tenzin Namdag. Seus estudos incluíram filosofia Bön, Madhyamaka, Prajnaparamita, Vinaya, Abhidharma, Tantra secreto e Dzogchen. Em 2011, recebeu o título de Geshe.

Até aos dias de hoje fez apresentações em várias conferências globais e escreveu mais de 20 livros em tibetano e inglês. Seu primeiro livro em inglês, "Pure Dzogchen", é estimado por muitas pessoas e foi traduzido em vários idiomas.

Geshe-la chegou à Califórnia, EUA, em 2013, e tem transmitido continuamente ensinamentos espirituais e culturais tibetanos não sectários aos interessados no Ocidente. Desde que a organização sem fins lucrativos Kunsang Gar foi fundada em 2016 na Califórnia, Geshe-la difundiu seus ensinamentos nos Estados Unidos, Europa, América Latina e Ásia.

Os Doze Tantras Pequenos
(o texto raiz)

Dzogchen da Linhagem de Transmissão de Boca a Ouvido de Shang-Shung!

Os Doze Tantras Pequenos!
Na linguagem Shang-Shung smar:!
I thi ku yig tri tse u pa tantra thad do!
Em tibetano:!
Dzogchen Os Principais Pontos de Bodhicitta!
Esfera única! Eh Ma Ho!
Homenagem, Oh Samantabhadra, Deidade de Consciência Pura Autossurgida!

1
Em uma ocasião eu ensinei isso!
Em Akanishta, a esfera da realidade.!

2

O Mestre primordial Samantabhadra, difícil de ilustrar em alguma forma, permanece como o grande Primordial inexprimível. Dentro disso, o compassivo Mestre Samantabhadra permanece com compaixão igual para com todos. De dentro da própria Mente imóvel, milagrosa emanação da sabedoria primordial surge com compaixão incomensurável por outros seres sencientes. Essa compaixão incomensurável é imparcial e sem viés em relação a todos os seres sencientes. Essa compaixão, como um grande Ser de compaixão e um sinal de iluminação, emana como o Mestre Shenlha Karpo, como o reflexo da lua na água, brilhante e claro. Seu corpo aparece, mas carece de autonatureza, completo com trinta e duas marcas maiores e oitenta signos menores, comitiva e terra pura. Dos raios de luz de sua compaixão, a energia de incessante compaixão, surge um Shen Tseme Öden, também conhecido como 'Jovem da Luz de Rigpa'. Ele permanece como um com consciência primordial autossurgida.

3

Naquela época, Shen Tseme Öden, o Mestre que emana de todas as formas, fez insuperáveis oferendas ao Mestre, e motivado pelo tesouro de sua mente, pediu!
Mestre, Soberano de Compaixão,
Para cuidar dos seres com compaixão,

Para seres sencientes que são enganados pela delusão
Obscurecidos pela escuridão da ignorância,
Por favor, revele a sabedoria primordial autossurgida.

2

Assim solicitado, disse o Mestre,
(Samantabhadra nunca falou uma palavra
Mas ensinou a partir de um estado de samadhi)
Autossurgindo, primordialmente iluminado,
Todos os fenômenos subjetivos e objetivos
Não são nada senão a sua própria mente.
Portanto, veja tudo como apenas o Autossurgimento.

1

Porque assim falou, a consciência primordial
autoconsciente surgiu na comitiva, e eles perceberam a
própria consciência primordial autossurgida.
Além disso, disse,!
Para explicar as doze linhas indestrutíveis, em resumo:

ཀ

Sua própria consciência primordial é a base de tudo.

ཁ

O caminho, livre de esforço, indo a lugar nenhum, é
espontaneamente aperfeiçoado

ཤ

O resultado é alcançado espontaneamente, assim como
é.

ང

Não há visão da verdade última.

ཙ

Não há como meditar na verdade última.

ཚ

Não há ação na verdade última.

ཛ

O exemplo da mente é que é como o espaço.

ཉ

Os sinais da mente são a própria mente.

ཏ

A essência da mente é a realidade última.

ཐ

Na esfera não nascida da realidade.

ད

A sabedoria primordial incessante permanece.

ཉ

Uma única esfera sem nascimento ou cessação.
Este é o capítulo do assunto.

2
A única esfera de Bodhicitta, Eh Ma Ho

ག

Para explicar extensivamente,
A própria mente é vazia, primordialmente pura.
A própria mente é vazia, clara como a luz.
A luz clara é vazia, primordialmente pura
A base tanto do samsara quanto do nirvana
Samsara e nirvana, indivisíveis.
Entenda que carece de autoexistência.
Realizado, é Samantabhadra, iluminação primordial.
Percebendo-o como algo que não é
Engajando-se em dualidade de sujeito-objeto,
Seres não realizados vagam no samsara.
Cada uma das cinco ou seis formas de vida e reinos
samsáricos
E todas as formas iluminadas e terras puras
Ambos Samsara e Nirvana, todos
Surgem da mente Bodhicitta.
Os cinco venenos são sua própria mente
Não há nada chamado de Buda

Que transcende ou abandona os cinco venenos;

Os cinco venenos são primordialmente puros

São, em natureza, as cinco sabedorias.

Uma única esfera, autossurgida, Eh Ma Ho

ཁ

Qual é a característica definidora da mente?

Isso definitivamente deve ser ensinado corretamente.

Bodhicitta carece de causa ou condição.

Bodhicitta não é poluída pela fabricação.

Bodhicitta não pode ser nomeada.

Bodhicitta não tem nascimento ou morte.

O corpo da mente não pode ser mostrado.

A fala da mente carece de natureza própria.

A mente da mente é sem sinal.

As qualidades da mente são inesgotáveis.

As atividades da mente são realizadas espontaneamente.

A mente espontânea é sem esforço.

Aquilo que exerce esforço não é um buda

Há um caminho de palavras e um caminho de significado:

O caminho das palavras conjuga o significado.

Não há procedimento no caminho do significado.

Sem progresso ou empenho, espontaneamente completo

Uma única esfera sem esforço, Eh Ma Ho

བ

A própria mente é primordialmente iluminada.

A primeira sabedoria primordial é sem causa, então

3

Não há sabedoria primordial nascida de causas.

A sabedoria primordial singular é autoclarificada

A própria mente de Samantabhadra.

Permeia todos os seres sencientes e budas

Passado, presente e futuro.

Tanto antes ou depois da realização,

Passado, presente e futuro são um, sem diferença.

Já que bodhicitta não tem causa,

Não existe resultado nascido de causas.

Permanece como o espaço, sem esforço.

A natureza da mente é uma joia preciosa.

Não é encontrada quando procurada em outro lugar.

A mente deve ser buscada com a mente.

Não é encontrada quando procurada, mas

Mesmo que você não procure, nunca está perdida.

Bodhicitta resultante, sem causa,

Permanece como o céu, sem esforço.

Se você compreender e perceber isso

Está completa e estabilizada.

A identidade de todos os resultados.

Uma vez que o Buda primordial é sem causa,

Não há Buda nascido de uma causa.

Você é primordialmente Buda

Três kayas, autossurgindo, primordialmente realizados.

Uma esfera única e espontânea, Eh Ma Ho

༥

Tudo o que aparece e existe, samsara e nirvana

Está completo em Bodhicitta

Portanto, é a Grande Perfeição.

Olhe para a profunda Grande Perfeição

Não é vista dizendo, 'é isso.'

Não se vê olhando para ela

Não ver é o supremo ver.

A visão de Samantabhadra

Não é chamada de nada,

Mas surge como qualquer coisa, aparece como qualquer coisa.

Não é algo, nem é nada:

Bodhicitta é primordialmente pura, não produzida.

Não toca em nenhum dos quatro extremos

Limitações, parcialidade, viés e assim por diante.

Agarrá-la como diferente ou permanente

Percebê-la como um vazio em branco,

Vê-la na dualidade sujeito-objeto,

E na aparência de manifestações, todas a bloqueiam.

Perceber o significado do Caminho do Meio, livre de extremos,

É o que se entende por dissipar os quatro extremos.

Esta grande liberdade dos extremos, a visão suprema

É o rei das visões.

4

Incomum a todas as visões gerais

Uma única gota, livre de extremos, Eh Ma Ho

ॐ

Medite no significado da Grande Perfeição

Não é meditado dizendo: 'é isso'

Não é esclarecido meditando sobre isso, mas

Mesmo que você não medite sobre ela, não se torna mais clara ou mais obscurecida.

A intenção de Samantabhadra

É fresca, natural, inalterada.

Conheça sua própria base primordial inalterada.

É sem meditação ou distração.

Na natureza da mente, sem meditação,

Pregue-a sem distração.

A clareza e o vazio de sua própria consciência estão além do encontro e da separação

Samsara e nirvana permanecendo igualmente, não-duais.

Não interrompa o estado primordial.
Nenhuma meditação é a suprema meditação
Nenhuma meditação em uma única esfera, Eh Ma Ho

ॐ

Aja no profundo significado da Grande Perfeição
Não há conduta da qual se possa dizer: 'é isso'
Não separada da visão e da meditação
Agindo sem separação do grande não nascido,
Livre de projeções, é a conduta
A conduta fabricada não é a conduta.
Inalterada, não rejeitando ou afirmando,
Quando você unifica visão e conduta
Você está adornado pela conduta da Grande Perfeição.
Faça o que fizer, é pura
Como um lótus, não manchada por falhas
A conduta suprema, livre de adotar e abandonar,
Uma única esfera de conduta suprema, Eh Ma Ho

६

Um exemplo simbolizando bodhicitta
É o exemplo do espaço não produzido.
A partir do estado de espaço vazio
Arco-íris, nuvens, névoas, qualquer coisa
Pode surgir, qualquer coisa pode aparecer
Permanece no estado do céu e se dissolve

Sem limites nem centro, cor, forma ou parcialidade
Não há como ilustrar o significado correto,
Uma única esfera, além de definir, Eh Ma Ho

ༀ !

A evidência da Bodhicitta

5
Não é compreendida por uma mente fraca,
mas deve ser entendida por três razões:
Estado, natureza e identidade.
Quanto ao estado, a consciência pode aparecer como
qualquer coisa.
Quanto à natureza, a consciência é completamente vazia
Quanto à identidade, a aparência e o vazio são não-duais.
Por causa desta grande identidade
tudo deve ser conhecido como Bodhicitta.
Na própria Mente, vazia, sem raízes
Quaisquer que sejam as mentes ou eventos mentais que
surjam
Permanecem e se dissolvem na própria mente.
A própria mente está livre de extremos dualistas.
Como o sol brilhando no céu
Clareza e vazio são uma unidade, inseparáveis,
Uma única esfera indivisível, Eh Ma Ho

ཏ

A realidade última não nasceu.
Da esfera da realidade não nascida
Todos os sujeitos e objetos, agentes e ações
Podem surgir e podem aparecer:
Eles permanecem e se dissolvem na realidade última.
Na realidade última não há nascimento ou cessação
Na realidade última não há parcialidade
A realidade última é inexprimível
Uma única esfera inexprimível, Eh Ma Ho

ཐ

Quanto às definições da esfera e sabedoria primordial,
A esfera é a causa pura
Porque na esfera da realidade última não há nascimento.

ད

A sabedoria primordial é o próprio resultado
Luz clara sabedoria, sem cessar.

ན

Uma única esfera sem nascimento ou cessação
Uma única esfera que é o corpo da realidade.
Não há como ilustrar o corpo da realidade.
Dentro do indefinido, a sabedoria primordial desponta

A sabedoria do vazio é sem parcialidade

A sabedoria do espelho não tem clareza nem obscuridade

Equalizar a sabedoria é sem alto ou baixo

A sabedoria discriminadora, sem mistura, é clara

A realização da sabedoria realiza-se espontaneamente.

Dotado de cinco sabedorias, o corpo de gozo é completo.

Dotado de ornamentos e indumentárias, marcas e sinais,

6

A comitiva e a terra pura estão presentes espontaneamente.

Do corpo de gozo, a compaixão brilha

Mostrando quaisquer emanações que subjugarão os seres

Várias emanações realizam o bem-estar dos seres.

A natureza dos três Corpos se completa espontaneamente.

Na grande perfeição dos três Corpos, realizada espontaneamente

A iluminação não é alcançada em outro lugar.

No grande templo da realidade espontaneamente completo

Não há nada produzido, nenhum produtor.

Na grande realidade espontaneamente perfeita

Não há nada aperfeiçoado, ninguém aperfeiçoando,

No grande samaya primordialmente protegido
Não há nada protegido, ninguém para protegê-lo.
Na perfeição da mente primordialmente empoderada
Não há empoderamento para receber, ninguém para recebê-lo.
No grande oceano da realização infinita,
Não há realização, ninguém que a alcance.
Em grande luz clara espontânea
Não há estágios de realização
Na grande liberdade espontânea e completa livre de esforço
Não há etapas do caminho.
No grande autossurgimento espontâneo completo
Não há resultados distintos diferentes.
Na Grande Perfeição de tudo
Não há veículos sucessivos.
Não inexistente, o significado essencial
É naturalmente permanecer dentro do estado:
Torna-se claro, como uma joia purificadora limpa a água.
O estado e a clareza são uma única esfera, não diminuindo
Uma única esfera, livre de extremos
Uma única esfera do corpo da realidade.
Quando você percebe tudo como o corpo da realidade,
É como ir a uma ilha dourada de joias.

Se não houver parcialidade, isso é visão.

Se você realizar a igualdade, isso é meditação.

Se não houver aceitação ou rejeição, isso é conduta

Se não há esperança ou medo, isso é resultado.

Se não há dualidade sujeito-objeto, isso é realização.

O iogue que realiza a própria mente

É como a descendência do garuda e do leão,

Rasgando os três selos, três energias estão completas.

A realização se manifesta na própria iluminação.

Sem prática, é realizado espontaneamente.

Sem esforço, mantém o seu lugar.

Sem clarear, as delusões são clareadas

Sem expansão, a sabedoria primordial se expande.

Sem ir a lugar nenhum, você vai até o fim.

Sem coberturas obscuras, tudo está claro.

7

Sem transcendência, a tristeza é transcendida.

Uma única esfera de nirvana, Eh Ma Ho

Esta é a expressão do grande Tantra

E a completa consagração disso.

Mais uma vez, o Mestre disse:

Esta única esfera de Bodhicitta Grande Perfeição

É rei de todos os Tantras. Por que?

É a raiz de todas as transmissões

O néctar do coração de todas as instruções de boca a
ouvido

O último dos 84.000 Ensinamentos
É o pináculo dos nove veículos
A intenção de Samantabhadra
Todos os Budas dos três tempos
Nunca pronunciaram nem mesmo um átomo de uma palavra
Eles não falaram, não falam, nunca vão falar.
Novamente, por esse motivo, é raro.
Até eu, o mestre, também digo,
Eu não expliquei, não explico, e nunca vou explicar isso.
Porque é vasto, profundo e muito sutil
É difícil perceber, raramente compreendido.
Não subsistindo em palavras ou letras,
Novamente, por esse motivo, é raro.
Como a preciosa joia que realiza desejos
Fonte de todas as necessidades e desejos, mas extremamente rara.
Portanto, eu a comunico a você
Ouça com extrema atenção e valorize-a.
A sabedoria atemporal autossurgida é a mente de todos os Sugatas
Não vagueie, não se esqueça, vá ao âmago da sua mente
Perceba esses significados, isso mesmo
Esta é a instrução de boca a ouvido secreta.
Uma vez que é extremamente secreta, mantenha-a em segredo

É o segredo insuperável e por excelência.

Como a joia colocada na boca de um dragão de água

Extremamente secreto, supremamente sagrado

Recipientes impróprios que são pretensiosos

Quem o brande, distraído, não protegendo o sagrado

Mestres autoengrandecedores que não irão compartilhá-lo

Thirtikas, demônios e afins

Para tais seres, este sacramento supremo

Deve ser mantido completamente em segredo.

Não diga uma palavra sobre isso.

Eles não são recipientes adequados para isso.

Aqueles com mentes estáveis,

Não mudando para outra coisa, como filhotes de leão,

8

Que são fiéis, entusiastas, que têm sabedoria e compaixão

Que sustentam a vida de samaya, que carregam o Guru em sua coroa

Para seres assim,

É extremamente secreto, mas deve ser revelado.

Assim se diz. SAMAYA

Então, Tseme Öden e o resto da comitiva elogiaram a uma só voz,

Eh Ma Ho! Mestre Samantabhadra, Senhor da compaixão, que ensina tudo o que irá subjugar seres vivos! Mestre da suprema consciência pura autossurgida, Eh Ma, é uma grande maravilha! A gota singular de Bodhicitta-Grande-Perfeição é o rei de todos os Tantras! A raiz de todas as transmissões, o néctar do coração de todas as instruções, a porta de entrada para Bon, quintessência dos 84.000 Ensinamentos. O pináculo das nove etapas dos veículos, o néctar essencial das 360 Deidades do Templo. O caminho percorrido por todos os Shenrabs passados, a Mãe de todos os Shenrabs futuros, a intenção de todos os Shenrabs presentes. A lamparina que dissipa a escuridão da ignorância, a joia que é a fonte para todos os desejos e necessidades. Eh Ma, é uma grande maravilha, esta gota singular de Bodhicitta-Grande-Perfeição!

Assim louvaram a uma só voz. O próprio Mestre Samantabhadra também reuniu todos fenômenos de samsara e nirvana no estado de grande igualdade, e permaneceu, imóvel, na própria Mente. A sabedoria primordial autoconsciente surgiu em Tseme Öden, e no resto da comitiva, também. Percebendo a sabedoria atemporal autossurgida, todos eles permaneceram no estado de Samantabhadra.

Dos pontos principais da Bodhicitta da Grande Perfeição, o texto raiz das Instruções sobre Os Doze

Tantras Pequenos foram revelados. A esfera única é completa.

Que este néctar da mente dos nove tantras que é a intenção dos Sugatas

As instruções combinadas da experiência dos Vinte e Quatro Grandes Seres,

Como ensinado por Tulkus do Shen que tem o carma,

Que não desapareça até o fim dos tempos, mas traga o bem-estar dos seres

Assim foi dito.

!

Tapi Hritsa então partiu como um arco-íris desaparecendo no céu.

Nangsher Löpo foi lançado em meditação como o céu! Foi aos poucos espalhado pela linhagem.

Sarva Mangalam! tradução de David Molk 10 de abril de 2018

As Doze Frases Imutáveis

Comentário de *Geshe Dangsong Namgyal;*

Essência do Dzogchen da transmissão Oral de Zhang Zhung

Este ensinamento é muito curto, mas é a raiz de todos os ensinamentos de toda a transmissão Oral de Zhang Zhung. O tópico principal está incluído nele. Se você entender o significado deste ensinamento, não resta mais nada. Ele contém a visão, o caminho, o resultado e a meditação – tudo está incluído.

Quando ouvimos termos como natureza da mente e sabedoria primordial, ou seja, conceitos profundos, não devemos esperar obter mais do que uma compreensão grosseira no início. No entanto, à medida que nos esforçamos para aprofundar nossa compreensão, aprendemos mais. Mesmo que não tenhamos uma compreensão muito profunda no início, obter uma compreensão básica é a base para uma compreensão completa. É importante estabelecer uma motivação pura, uma motivação vasta, para purificar qualquer negatividade que bloqueie nossa compreensão, para desenvolver energia positiva e bom carma para a compreensão. Todos esses fatores devem estar lá para alcançar a compreensão básica.

Um dos fatores mais importantes para obter uma compreensão é a abertura, convicção ou fé nos ensinamentos. Não importa o quanto tentemos, não importa quanto esforço e tempo coloquemos tentando entender, isso não é a coisa mais importante. Não podemos obter entendimento apenas trabalhando duro para isso. O que chamamos de *depa* em tibetano – essa fé, convicção e aspiração pelos ensinamentos é muito importante, a mais importante.

No contexto do Dzogchen, desenvolver uma profunda fé e convicção de que já temos a sabedoria primordial dentro de nós, o sentimento de que ela está definitivamente dentro de nós, é um princípio básico.

Em termos gerais, a fé é referida como a convicção que temos nas três joias – Buda, Dharma, Sangha. Falamos de dois tipos de fé: aquela que as pessoas com faculdades e inteligência aguçadas têm, e o outro tipo de fé que as pessoas com inteligência mais simples têm. Ambos podem ser benéficos. A fé daqueles com faculdades afiadas seria o tipo de fé que eles desenvolveram ao mergulhar nos ensinamentos. Isso gera convicção. E então, à medida que as pessoas com uma fé mais simples ouvem os ensinamentos, elas podem não desenvolver muita compreensão por meio de seus estudos, mas podem ter a sensação de que isso deve ser verdade, que esse é o ensinamento do Buda. Qualquer que seja o tipo de fé que tenhamos, é isso que precede a prática do Dharma e a compreensão do Dharma. Essa fé é muito importante como fundamento, seja qual for o estudo que fizermos. Será muito frutífero.

Por exemplo, uma compreensão da impermanência ou mudança pode surgir de nossa convicção na verdade dos ensinamentos. Através da fé podemos desenvolver uma compreensão de como os seres estão presos no círculo da existência, samsara, através da força da ignorância e das ilusões e vagam em um continuum de sofrimento. Através da fé podemos acessar e chegar a uma posição segura no caminho da liberação e sentir convicção na possibilidade de liberação.

E no contexto do Dzogchen, a fé é de particular importância porque o principal obstáculo no Dzogchen é a dúvida e a falta de foco único. Por exemplo, se você não acredita que a pura consciência de rigpa está dentro de nós, será um grande obstáculo para a realização dos ensinamentos do Dzogchen. Ao passo que, se tivermos forte convicção de que a pura consciência de rigpa está dentro de nós, isso nos levará a sermos capazes de manifestá-la.

Até mesmo entender uma única palavra dos ensinamentos Dzogchen pode ser difícil. É profundo e difícil obter uma compreensão completa. Portanto, é a fé e a convicção no ensinamento que nos permite segui-lo, mesmo que a princípio não o entendamos. Mais tarde, à medida que continuamos investigando, desenvolvemos mais compreensão.

Continuarei comentando o texto seguindo as linhas do texto – as doze linhas. Nos pontos mais importantes, farei uma pausa para explicá-los. Então, vou lê-lo desde o início.

No início, dá o título do texto na antiga língua Zhang Zhung (Tib) e em tibetano que se traduz em *"Dzogchen: Pontos Principais da Mente de Iluminação de Bodhichitta"*.

Este termo, Mente de Iluminação de Bodhichitta, em tibetano *Jang Chub Sem*, se traduz em Sânscrito como Bodhichitta. Em particular, *Jang Chub*, a palavra para Bodhi (iluminação), é explicado de forma diferente no contexto dos ensinamentos Dzogchen em comparação com a forma como é explicado nos ensinamentos de perfeição, os ensinamentos gerais do dharma.

"Jang Chub" significa literalmente purificado e expandido. A primeira sílaba *Jang* significa purificado e, no contexto do Dzogchen, refere-se à pureza primordial,

aquilo que tem sido puro desde o início, originalmente puro. Também, o que tem sido vazio, primordialmente espaço de autoexistência. Para reafirmar, *Jang* se refere à pureza primordial, particularmente do lado do espaço. Enquanto a segunda sílaba *Chub*, expandida no contexto do Dzogchen, refere-se à espontaneidade, especialmente aquela que se fez espontaneamente presente e realizada a partir da grande compaixão, das perfeições, da prática das perfeições, das formas, das qualidades, dos corpos dos Budas – todos esses seres presentes espontaneamente. Então *chub* se refere ao lado da aparência ou como as coisas aparecem. A parte final do termo, *Sem*, mente, refere-se tanto ao lado do espaço quanto ao lado das aparências espontâneas sendo de natureza única na mente. Aqui, nosso uso do termo *mente* não se refere à mente comum. Em vez disso, refere-se à mente na qual qualidades de pureza primordial e presença espontânea e realização são inseparáveis, indivisíveis dentro da mente.

É bom entender e saber disso. Se você não tem muita compreensão, pode pensar que o uso da palavra mente nos ensinamentos sobre lógica e discussão dialética é o mesmo que neste contexto, mas não é. É a mesma palavra, mas tem um significado diferente.

O texto diz *"Único Bindhu Emaho!"* ou a única gota. A palavra Emaho é uma expressão de maravilhas.

Que esses dois, espaço e aparências, ou pureza primordial e espontaneidade, possam estar presentes inseparavelmente na mente, é por isso que a maravilha está sendo expressa: que ambos possam ser indivisíveis dentro de uma única gota, uma única esfera, um único bindhu.

"Homenagem, Ó Samantabadra, Deidade da Consciência Pura Autossurgida!" Esta é uma expressão de homenagem, e é uma homenagem à pura consciência que surge dentro de si. É referida como uma deidade; é dado o nome de uma deidade, porque quando pensamos em deidade, temos um sentimento de reverência, de assombro. É trazer à tona esse tipo de sentido, não para uma deidade aparente, mas para aquela deidade da mente natural que surge dentro de si.

"Certa vez, ouvi este ensinamento dado em Akanishta, Espírito de Bon-si." *"Professor primordial, Samantabadra, difícil de expressar de qualquer maneira, o Primordial altamente exprimível. Então aquele professor compassivo, Samantabadra, permanece com compaixão igual para com todos."* A natureza última, a verdadeira natureza é indivisível e difícil de abordar em termos de convencionalidade. Assim, é apresentado aqui em uma forma de discussão, de uma sessão de perguntas e respostas, na qual dessa verdadeira natureza, a mente natural, sua energia criativa aparece na forma do

professor Samantabadra, a forma de prazer completo Sambhogakaya, a forma de sabedoria do Buda, a fim de trazer essa coisa inexprimível em expressão.

Da verdadeira natureza, Sambhogakaya (forma) ensina Samantabadra (manifestação), e disso surge um outro corpo de emanação aqui conhecido como *Tseme Oden*. É esta forma de emanação, *Tseme Oden*, que então pede à forma completa de prazer, conhecida como Samantabadra, para explicar isso.

Shen Tseme Oden pede "Mestre, Soberano da Compaixão, a fim de cuidar dos seres com compaixão, seres sencientes que são emanações da delusão, obscurecidos pela escuridão da ignorância, por favor, revele a sabedoria primordial autossurgida!"

"Assim solicitado, o próprio professor disse (Samantabadra nunca falou nem mesmo uma partícula em palavras, mas falou seus pensamentos dentro de um estado de Samadhi): O bon primordialmente iluminado autossurgido e todos os possuidores de bon não são nada além de sua própria mente. Portanto, veja tudo como Autossurgimento." O que ele estava dizendo aqui é que a forma como este ensinamento é dado está dentro da meditação profunda, sendo comunicado da forma Sambhogakaya, Samantabadra, para a forma de emanação de Tseme Oden, que o está recebendo dentro de seu próprio

estado de meditação; tudo está sendo comunicado dentro da meditação.

"Em sua resposta, o bon primordialmente iluminado autossurgido e todos os possuidores de bon não são nada mais do que sua mente, então veja tudo como apenas autossurgido." Essa referência ao bon e a todos os possuidores de bon é uma referência às convencionalidades de sujeito, objeto, dualidade, atores e agentes de ação. Entenda que tudo isso é a energia criativa da mente natural, surgem de nenhum outro lugar além de sua própria mente.

Esta é a breve apresentação do assunto e assim, para explicá-lo mais extensamente, são dadas estas doze linhas. Como eu disse, sua própria consciência primordial é a base de tudo. Para dar uma breve explicação, são chamadas de doze linhas Yungdrung *(suástica)*. Yungdrung tem o significado de indestrutibilidade. A seguir, haverá uma explicação dessas doze linhas.

As Doze Linhas Imutáveis

A primeira linha diz: *"Sua própria consciência primordial é a base de tudo."*

Isso está dizendo que a mente natural é a base do samsara e do nirvana. Está dizendo que é primordial, o que significa que tem natureza original. Está lá desde o começo sem começo. Outro significado é que não é fabricado; é anterior a qualquer tipo de fabricação.

A segunda linha diz:
"O caminho, livre de esforço, indo a lugar nenhum, é espontaneamente aperfeiçoado".

De um modo geral, atingir a iluminação, mesmo alcançar a liberação, é algo que é abordado gradualmente com esforço e empenho. Mas aqui está dizendo que o caminho final não é um caminho que vai a algum lugar. Não é um caminho de ir a algum lugar. Não é um caminho realizado pelo esforço. Não é um caminho que vai de um lugar para outro.

A terceira linha afirma:
"Os resultados são alcançados espontaneamente como são".

Todas as qualidades dos Budas - as perfeições, os corpos, as formas, estão todas presentes espontaneamente.

Então continuamos com a discussão da visão:
"Não há visão da verdade última".
Esta é uma visão que não é visualizada.

A quinta linha diz:
"Não há meditação na verdade última".
Esta é a meditação de nenhuma meditação.

A próxima linha refere-se à conduta ou ação.
"Não há ação na verdade última."

Nesta verdade última, as ações não são ações empreendidas pelo corpo, fala e mente. Nesse contexto, não há ação, não há conduta.

"O exemplo da mente é o exemplo de que é como o espaço."

Em geral, a verdade última está além do exemplo e não pode ser exemplificada, mas para apontá-la ou simbolizá-la, o espaço é o exemplo usado. Aqui, há um processo triplo de exemplo, significado e razão.

Na terceira parte deste trio de exemplos,
"os sinais da mente são a própria mente".

Quais são os sinais na mente real? São as experiências que se tem em sua própria mente.

"A verdade última da mente é o próprio bon."

Isso se refere à natureza vazia da mente. A segunda e a terceira partes do trio de exemplos, o significado e o signo estão praticamente se referindo à mesma coisa: compreensão do espaço da mente. A ordem em que eles são realizados é diferente, mas eles estão se aproximando da mesma realização.

'A sabedoria primordial incessante permanece como um único bindhu; é sem produção ou cessação."

Nestas duas últimas linhas, o único bindhu não tem produção ou cessação. Isso se refere às características da natureza última da mente ser sem produção ou cessação; significando que não é produzido a partir de alguma outra causa ou fonte, mas sendo sem causa e não nascido. Dizer que é sem cessar, do lado das aparências, como mencionamos antes dentro do bon e dos possuidores de bon, todas as aparências convencionais ou agentes e ações e assim por diante, são manifestações da mente natural e, como tal, são incessantes.

"Um único bindhu sem produção ou cessação."

A linha final, na ordem do tibetano, significa que essas duas qualidades, sendo não nascidas do lado do espaço e incessantes do lado das aparências. Estas não são duas coisas separadas, ambas estão presentes dentro de um único ponto, um único bindhu indivisível.

Então aqui temos essas doze linhas, que é a breve apresentação do assunto. Então, a partir deste ponto, mais extensa explicação é dada.

1.

A primeira frase explica como a mente natural é a base de todo o samsara e nirvana. Normalmente pensamos em samsara e nirvana como duas coisas diferentes: samsara sendo ruim, nirvana sendo bom. Em relação ao samsara, todos os tipos de problemas e sofrimentos são vivenciados; enquanto na experiência do nirvana ou liberação, há felicidade, gozo, todos os tipos de boas experiências. Mas não é imutavelmente assim. Não existe essa verdadeira discriminação ou distinção de ser. Não é algo que é verdadeiramente existente dessa maneira. Então, como eles vieram a existir dessa maneira? Através da experiência das aparências aos seres vivos. É assim que o samsara e o nirvana passam a existir. Mas na fonte, onde eles realmente existem, então eles são os mesmos. Assim, nessa verdadeira natureza vazia da mente, eles são indiferenciados.

Estamos falando sobre o estado antes do surgimento do samsara e do nirvana. O que fazemos é identificar a fonte da qual surgem tanto o samsara quanto o nirvana. Nas mesmas experiências do dia, antes de tê-las, se formos procurar onde está a fonte, se formos capazes de fazer isso, voltaríamos à mesma mente natural, à fonte original. Para aplicar isso em nossa própria vida, devemos perguntar onde está a fonte de experiências agradáveis que temos? Onde está a fonte das experiências desagradáveis e problemáticas que encontramos? O texto diz que a própria mente vazia é primordialmente pura; mente vazia é luz clara; a luz clara é primordialmente pura. Então, indo para a fonte, não há nada impuro nisso. Não é apenas um espaço primordialmente puro, mas também uma manifestação da natureza da luz clara e tem a aparência da natureza. Se percebermos que a mente é a fonte original tanto do samsara quanto do nirvana, então percebemos a iluminação: é Buda. Isto é o que fazemos em nossa meditação. Quando olhamos para a mente natural neste estado não fabricado e inalterado, estamos identificando a base tanto do samsara quanto do nirvana. Isso é o que fazemos em nossa meditação Dzogchen, não é apenas para nos acalmar ou relaxar ou ficar livre de distrações.

"De ter transcendido e abandonado os cinco venenos..." Os cinco venenos são a sabedoria primordial, a natureza dos cinco sentidos e assim por diante.

Falando sobre cada linha, haveria um extenso comentário que poderia ser dado em cada palavra e linha. Por exemplo, você pode receber diferentes explicações de como o samsara surge em diferentes contextos dos ensinamentos budistas. Por exemplo, no veículo da dialética, do raciocínio, das perfeições, os ensinamentos do caminho do meio, ensinamentos tântricos e ensinamentos do Dzogchen – para cada um deles, há diferentes explicações e contextos.

O caminho das palavras e o caminho do significado têm a ver com ajudá-lo a reconhecer o caminho real. O caminho do significado é realmente muito sutil. É difícil reconhecer. Não há palavras dentro dele, mas as palavras são usadas para mostrar o caminho.

Não há nada que você possa colocar em palavras em termos da visão de Samantabadra. Não se chama nada. Está além da expressão; está além da descrição. Surgindo como qualquer coisa, aparecendo como qualquer coisa, significa a mente natural que pode aparecer em qualquer forma. Essas aparências surgem ou ocorrem espontaneamente. É qualquer coisa, mas não ser ou não náo-ser. Esta parte do texto diz que é qualquer coisa, significando que pode, dentro dessa esfera única de indivisibilidade de luminosidade e espaço, que pode ser vazio, pode ser luminoso, pode aparecer como qualquer coisa, ou não pode aparecer como nada. O ponto de vista do estado natural é que ele pode surgir como qualquer coisa. Mas então a próxima parte continua dizendo que não é ser e não é não náo-ser. Precisamos do duplo negativo ali; então, não ser nem náo-ser. Não ser ou não náo-ser refere-se à sua tentativa de fixar com a mente comum ou pensamentos comuns, para dizer que é isso ou não é aquilo, é a isso que a última parte da linha se refere. Não pode ser descrito como sendo algo ou não sendo algo pela mente comum. Isso se refere ao ponto de vista como estado natural, pode surgir como qualquer coisa; este é um tipo de comentário dado em outras escrituras desse tipo de expressão.

2.

Não há dualidade sujeito-objeto. A realização pode ter o mesmo significado de antes, a ausência da dualidade sujeito-objeto.

O iogue percebe que a natureza da mente é como a prole do Garuda e do Leão rasgando os três selos; as três energias criativas estão completas. O Garuda e o Leão não são animais comuns que pensamos na floresta, mas mais como criaturas míticas. Eles são capazes de voar e assim por diante. Rasgar os três selos significa que eles estão realmente livres desde o nascimento, de uma mãe ou ovo e similares. Este texto se refere à plena realização da prática, na qual o estado natural se manifesta plenamente, como no momento em que a consciência se liberta do corpo. Isso simboliza quando o estado natural é realizado livremente. Com os tipos de limitações ou falhas presentes em nosso corpo, pode ser difícil manifestar plenamente todas as qualidades do estado natural.

Manifestar a realização é a budeidade em si, realizada espontaneamente sem prática, sem esforço ou sem lugar, sem limpeza, as delusões são limpas, sem expansão, a sabedoria primordial se expande. Sem ir, você vai até o fim. Sem as coberturas obscurecedoras, tudo fica claro. Sem transcendência, a tristeza é transcendida. Único bindhu do nirvana Emaho!

O engano vem da ignorância. Tipos mais grosseiros de ignorância se desenvolvem quando os sistemas filosóficos são considerados verdadeiros ou não. Em alguns ensinamentos, diz-se que a mente natural é o início do estado iluminado. Alguns ensinamentos Dzogchen falam sobre a sabedoria primordial que se manifesta no estado natural. Então, novamente, alguns ensinamentos dizem que quando o estado natural é reconhecido e as formas de Buda surgem, é novo; é surgimento fresco de ter reconhecido o estado natural. Assim, o tipo mais sutil de ignorância, o instinto de ignorância, espontaneamente nascido ou ignorância inata, está no nível mais sutil de compreensão da natureza das manifestações da mente natural. E também, a sabedoria primordial das aparências e a energia da mente natural se originam na própria mente natural.

Em uma explicação mais extensa do segundo ponto, pergunta-se qual é a definição de mente? Isso definitivamente deve ser ensinado com perfeição:

que bodhichitta carece de causa e condição. Aqui a definição de mente está sendo discutida. Não estamos falando sobre a mente no sentido comum da mente, os fatores mentais, mas sim o que está sendo referido como bodhichitta. Lembre-se que é uma esfera não-dual ou gota do vazio e do que aparece. Esta bodhichitta carece de causa e condição. As aparências que dependem de causas e condições as levam a aprimorar ou melhorar ao longo do tempo, ou declinar e degenerar ao longo do tempo. Mas a bodhichitta carece de tais causas e condições. Bodhichitta não é algo tão distante ou a ser alcançado mais tarde. Entenda que está se referindo ao estado natural de nossa própria mente. À medida que aplicamos esse entendimento, ele pode contribuir para nossa convicção e nossa aspiração de alcançar a realização.

Em algumas tradições, isso não é apresentado; bodhichitta é o que é possuído por algumas deidades ou a terra pura ou qualquer outro lugar. O que está dizendo aqui é que esta Bodhichitta não é poluída por fabricações. Fabricações refere-se a todos os tipos comuns de mente, de pensamento, de expressões, de palavras, de lógica, até mesmo inferências válidas ou percepções diretas. Não é poluído por nenhum destes. Está além das palavras, então não há rotulagem de bodhichitta, nenhuma palavra que você possa colocar nela – é isso.

Bodhichitta não tem nascimento ou morte; é sem causa, não nasce, não é nascida e não morre. Não há como exemplificar o corpo da mente ou a fala da mente. É sem natureza própria, a mente das mentes, e sem signo. Em geral, falamos sobre as qualidades dos estados iluminados do corpo, da fala e da mente, mas, em última instância, elas não podem ser expressas em palavras. A fala da mente, sem natureza própria, é aquela fala que tem a natureza última; não existe em sua própria natureza ou natureza inerente.

Mente da mente sem signo significa que não é estabelecida convencionalmente. As qualidades da mente são inesgotáveis. A mente Bodhichitta é incessante e inesgotável. As atividades da mente são realizadas espontaneamente. Existem diferentes tipos de atividades: pacificação, aumento, magnetização e subjugação. Mas nada disso é realizado com esforço; eles estão presentes espontaneamente. A mente espontânea é sem esforço ou empenho; não há iluminação que é encontrada através do esforço. A mente natural é Buda, mas não é realizada através do esforço.

O caminho das palavras conjuga o significado; não há nenhum procedimento no caminho do significado.

Quando dizemos que o caminho das palavras conjuga o significado, isso significa que as palavras podem ser e são usadas para apontar o significado do que estamos falando, mas não há como prosseguir no caminho real ou no que ele realmente significa. Em termos de nossa meditação, poderíamos dizer que nossa meditação está progredindo, mas em relação ao próprio caminho, simplesmente dizemos que não há estágios de realização. Não há como passar de um estágio para o próximo por causa de sua pureza primordial e sua existência espontânea das qualidades primordialmente ali. O caminho, como é explicado nos ensinamentos de perfeição, é quando você desenvolve duas acumulações: a acumulação de mérito e a acumulação de sabedoria. Isso é como a substância do que precisa ser desenvolvido, e se torna os corpos do Buda. Mas aqui, na pureza primordial da mente natural, não existe esse tipo de progressão ou desenvolvimento. Está tudo presente desde o início. É como o exemplo das nuvens no céu obscurecendo a visão do céu – a coisa básica que precisa acontecer é que as nuvens se dissipem. Obscurecimentos precisam ser removidos, mas fora isso, não há mais nada que precise acontecer.

A espontaneidade é completa sem progresso ou esforço, único bindhu e sem esforço Emaho! Aqui novamente está a expressão de admiração, as sílabas Emaho! Esta é a apreciação do caminho para o qual nenhum esforço é necessário.

3.

A natureza da mente é primordialmente iluminada. Primeiro, a sabedoria primordial é sem causa. Não há sabedoria primordial nascida de causas. A sabedoria primordial singular é a autoclarificação. Aqui, mais explicações de qualidades iluminadas que estão sendo dadas. O fator da espontaneidade ou o que aparece espontaneamente. *A sabedoria primordial singular é autoclarificada, a própria mente de Samantabhadra (Kuntuzangpo).* Então, aqui, Samantabhadra não deve ser entendido como existindo em outro lugar que não seja em sua própria mente ou dentro da esfera única de sua própria mente. Buda permeia todos os seres sencientes passados, presentes e futuros. Todos os três são nada mais do que uma diferença de realização anterior ou posterior, três tempos são um sem diferença. Isto está afirmando que Buda permeia todos os seres sencientes. Significa que quando a mente natural é reconhecida, você é o Buda. Quando não é, então a pessoa continua sendo um ser senciente limitado. Mas no que diz respeito ao que está realmente presente desde o início, é a própria Budeidade. Enquanto não se reconhecer a mente natural, continua sendo um ser senciente limitado. Quando percebem isso, eles são um

Buda. Mas a natureza primordial não aprimorou, não melhorou, apenas se percebeu o que estava lá desde o início.

No estado natural, não há tempo; é atemporal. Quando falamos sobre os diferentes estágios de não ter realizado a Budeidade, progredindo para a realização – todos estes são de fato criados da mesma substância, com o mesmo material, que foi iluminado desde o início, do qual não há passado, presente ou futuro.

Como a Bodhichitta não tem causa, não há resultados. Nascida sem causa, permanece como o espaço, sem esforço, sua natureza como uma joia preciosa. Não siga, nem se envolva com processos de pensamento; deixe as nuvens se dissiparem do céu e não olhe para as nuvens. Mais uma vez, é a clarificação do próprio espaço que está sendo percebida.

A natureza da mente é uma joia preciosa. Não é encontrada quando procurada em outro lugar. A mente deve ser buscada com a mente; não é encontrada quando se busca a forma. Este processo ensinado pela busca da mente. O Guru dirá ao discípulo para ir e procurar sua mente. Os discípulos vão para lugares como a praia ou os oceanos, eles vão para as montanhas procurando por suas mentes e espera-se que eles encontrem algum tipo de resposta para 'o que você encontrou'? Mas isso só é feito para despertar o interesse pelo assunto e encorajar a investigação, porque não há nenhum lugar fora de nós onde a mente possa ser encontrada. *A mente deve ser buscada com a mente* significa que ela precisa ser buscada olhando para dentro. Então, descrever ou colocar em palavras 'o que é', é difícil de fazer. Não há como a perder. *Mesmo que você a procure e não a encontre, ainda assim você não a perde porque nunca está separado dela.* O que está dizendo aqui é que, ao se estabelecer em um estado não fabricado, não o alterando, não seguindo pensamentos, ou não se envolvendo com processos de pensamento, sem nada para realizar ou manifestar, sem nada para se livrar, você simplesmente precisa reconhecer esse estado natural, essa mente natural.

Não apenas você deve reconhecê-lo ou realizá-lo, você deve se sentir satisfeito com ele e estabilizá-lo. Essa é a natureza do resultado. Este é o melhor resultado para experimentar. Como o Buda primordial não tem causa e não há Buda nascido da causa, você é primordialmente Buda, autossurgido e primordialmente realizado. Literalmente, isso diz Primeiro Buda, o que é traduzido como o Buda primordial. Este é o estado natural que existe antes do surgimento do samsara ou nirvana; está lá desde o início, por isso é chamado de Primeiro Buda. Já está presente, não nasceu. Não requer uma causa e os corpos que estão presentes são formas iluminadas espontaneamente presentes.

A palavra *dzog*, como em Dzogchen, significa aperfeiçoado ou completo, significando que os três corpos do Buda já estão completos ou aperfeiçoados. Os Budas não precisam se preocupar com coisas como compaixão ou bodhichitta convencional, aspirar a iluminação de todos os seres ou praticar as seis perfeições – generosidade, [disciplina], paciência, perseverança, concentração e sabedoria. Isso significa que não existem. A natureza última da mente natural é a base para o surgimento e aparecimento de todas as formas iluminadas. É como o reflexo da lua na água. Todas as qualidades ou formas dos nove veículos estão presentes espontaneamente. Todos os ensinamentos estão presentes também. Por exemplo, os ensinamentos do veículo individual que falam sobre o não-si do ser vivo individual, ou os ensinamentos chittamatra de apenas-mente que todos os fenômenos são da natureza da mente. Como é ensinado, algumas escrituras dizem que o mundo inteiro é produzido a partir da mente. Todos esses ensinamentos também estão presentes espontaneamente. Além disso, o sutil não-si apresentado nos ensinamentos do Caminho do Meio Madhyamaka também está presente aqui, nesta natureza de pureza primordial. Todo o corpo, mantra e sabedoria transcendente das deidades estão todos presentes aqui em períodos subsequentes à meditação. A indivisibilidade do espaço natural e a sabedoria atemporal também está presente no estado natural. Todas essas qualidades de espontaneidade são incessantes.

4.

Chegamos à frase quatro, em sílaba tibetana, é chamada (nga). Temos considerado visão, meditação e ação em conjunto. Neste ponto, temos uma seção que trata da visão em particular.

Tudo o que aparece e existe, samsara e nirvana, estão todos completos em Bodhichitta. Portanto, é a Grande Perfeição. Assim como as ondas que surgem no oceano, embora pareçam algo diferente, o fato é que elas estão saindo do oceano, elas são feitas do oceano e voltam ao oceano. Da mesma forma, tudo o que existe, tudo o que aparece, tanto no samsara quanto no nirvana, tudo surge e se dissolve nessa mente natural. Quanto ao sinal disso, é semelhante à prática de togyal e Dzogchen, o cruzamento direto no qual vários tipos de visões e luzes podem aparecer, mas eventualmente se dissolvem de volta à verdadeira natureza da mente natural. O mesmo vale para formas mais grosseiras; eles se dissolvem de volta na mente. Este é um sinal de que tudo o que existe, samsara e nirvana, está completo nessa mente de bodhichitta. Quando surgem todas essas diferentes aparências, o que se vê é a autoaparência. O estado natural está vendo a si, vendo suas próprias manifestações. Isso é o que se entende por visão.

Quando a mente comum, pensamentos e assim por diante surgem do estado natural, não há estabilização ou dizer que é isso; você não pode solidificá-los em sua verdadeira natureza. Não há ver olhando. Não ver é o ver supremo. Quando você examina sua mente em meditação e não vê nada surgindo, isso é a verdadeira visão. Esta é a sublime visão suprema da realização. Não há nada que você possa colocar em palavras em termos da visão de Samantabadra. Está além da expressão. Surgindo como qualquer coisa, aparecendo como qualquer coisa, significa esta mente natural que pode aparecer em qualquer forma. Essas aparências que surgem podem ocorrer espontaneamente.

Esta linha que eu traduzi como qualquer coisa, ser ou não ser. Um pouco mais próximo do tibetano é dizer: é qualquer coisa, não é ser e não é não ser. Então, em primeiro lugar, essa parte diz que é qualquer coisa significa que pode dentro dessa esfera única de indivisibilidade de luminosidade e espaço, que pode ser vazio, pode ser luminoso, pode aparecer como qualquer coisa, ou não pode aparecer como qualquer coisa. Então esse é o ponto de vista do estado natural que pode surgir como qualquer coisa. Eu acho que deveria dizer aqui é qualquer coisa. Mas então, literalmente, a próxima parte continua dizendo, não é ser e não é não ser. Então, precisamos do negativo lá. Então, não é ser e não é não ser. Então, não é ser e não é não ser refere-se a isso se você tentar definir com a mente comum, dizer que é isso ou não é aquilo, é a isso que a parte posterior da linha se refere. Pode ser descrito como ser, ser algo ou não ser algo além da mente comum. Assim, a primeira parte da linha refere-se do ponto de vista como estado natural, pode surgir como qualquer coisa. Este é o tipo de comentário dado em outras escrituras com este tipo de expressão.

Então, o que é primordialmente puro e não produzido. Não é produzido por causas; é permanente. Não tocou em nenhum dos quatro extremos, limitações, parcialidade ou viés. Essas palavras – limitações, parcialidade, viés – todas se referem à mesma coisa; eles podem ser comentados de forma diferente. O estado natural não permeia isto ou aquilo; está livre de qualquer um desses tipos de limitações. É completamente penetrante, não parcialmente penetrante. Esses quatro extremos – coisas como permanência, niilismo, aparência, espaço – não são apenas aparência. Não é apenas vazio; todas essas coisas são designadas pela mente comum. Isso está além de qualquer coisa designada pela mente comum. É livre de todas essas visões extremamente limitadas. *Então, agarrando-o como diferente ou permanente, percebendo-o como um espaço em branco, visualizando-o na dualidade (e depois muda a próxima linha), percebendo-o como um espaço em branco* , que é apenas vazio ou que não há nada lá, isso é um erro. A visão dualista está equivocada. Antes de dizer que é apenas uma aparência subjetiva ou aparência objetiva, não é nenhum dos dois, está além da dualidade sujeito-objeto. Esta próxima linha deve dizer *que não para de aparecer manifestações.* Portanto, esse estado natural da mente não impede que sua própria manifestação surja. Após visualizá-lo na dualidade, a linha deve ser: *"não bloqueia, não bloqueia o aparecimento das manifestações, não bloqueia o aparecimento a partir das manifestações".* Quando falamos dos extremos na linha seguinte *"percebendo o significado do Caminho do Meio, livre de extremos"*... A palavra extrema está em tibetano, "tha", que significa, por exemplo, que você chegou ao fim da terra ou à beira de um penhasco. Então, esses são os extremos de que estamos falando.

Os extremos são classificados de diferentes maneiras: simplificado em dois extremos, quatro extremos, oito extremos. Exemplos de extremos podem ser existência e não existência, permanência e niilismo, aparência e espaço, nascimento e morte, produção e cessação, então estes são os que são classificados como extremos. Isso, no entanto, é livre de extremos.

O que significa dissipar os quatro extremos? Livre dos extremos, a visão suprema, é o rei das visões. Não comum ou cortando para visões gerais, uma única gota, livre de extremos, Emaho! Provavelmente deveríamos usar o termo 'ensinamentos comuns ou gerais', em vez de 'cortar' aqui. Não tem um significado particular de corte aqui; refere-se a diferentes tipos de visões que estão presentes em todos os nove veículos. É incomum para todas as visões filosóficas gerais que são apresentadas em outros veículos. Como esta é a visão do Dzogchen, queremos dar uma breve explicação sobre o que é a visão do Dzogchen.

Em seguida, o que é meditação Dzogchen, ou meditar em Dzogchen?

5.

Na parte final desta seção, diz: *"Nenhuma meditação é meditação suprema"*. Se você tentar dizer sobre o que está meditando no Dzogchen, por exemplo, este é o objeto que está sendo focalizado e assim por diante, isso é muito difícil de apresentar. A terceira linha diz *"não se esclarece meditando sobre isso, mas mesmo que você não medite sobre isso, não se torna mais claro ou mais obscuro!"*

Meditar nisso, embora seja nenhuma meditação, não é claro, nem obscurecido. Não há nenhum tipo de esclarecimento intencional na meditação, não há como fazê-lo parecer claro. Por outro lado, se nenhum esforço é aplicado, não se torna mais obscurecido. Não há nenhum tipo semelhante de discussão sobre a meditação ser mais clara ou menos obscurecida. Com alguém possuindo experiência em meditação, está sempre acontecendo. Não há como esclarecer. Não há caso de se tornar mais obscuro ou menos claro. No entanto, isso está falando de um nível bastante alto de realização com o caminho, o que não é fácil.

A intenção de Samantabadra é uma base primordial fresca, consistente e inalterada. Existem termos diferentes em tibetano: (soma) que significa momento fresco, imediato e presente e (Rangluk) significa literalmente nosso próprio sistema. Significa deixá-lo ser e relaxar no estado primordial. *Machopa* significa inalterado, sem fabricar ou mudar nada. Quando você medita dessa maneira, está reconhecendo sua própria mente natural.

'Conheça seu próprio fundamento', em tibetano é (rangsazin). Seu próprio fundamento, mantenha-se firme, reconheça – isso se refere a reconhecer sua própria mente natural, a base de tudo. Não há meditação, nem distração. Aqui está um tipo especial de atenção plena na qual você mantém seu equilíbrio na meditação na mente natural na qual não há meditação, nem há qualquer distração dela. Então essa é a própria meditação. É isso que precisa ser sustentado e cultivado, nada mais. Quando você medita dessa maneira, o espaço e a luminosidade que são invisíveis em sua mente nunca são encontrados ou você está separado disso; não há reunião ou partida disto.

Samsara e nirvana permanecendo igualmente não-dual. No estado primordial, permaneça em um continuum ininterrupto. Quando você está nesta meditação, não importa que tipo de pensamentos impuros ou visões impuras apareçam, nenhum deles afeta a meditação. Você não pode ser prejudicado por pensamentos samsáricos surgindo. O estado primordial refere-se ao estado original inalterado, natural. Quando você alcança isso e experimenta isso, então você cultiva isso sem cessar. *Nenhuma meditação é a meditação suprema; nenhuma meditação em um único bindhu, única esfera. Emaho!* Quando você experimenta esta meditação, é a sublime meditação suprema.

6.

Na sexta seção, temos mais uma discussão sobre conduta a partir dessa tríade de visão, meditação e conduta. *"Aja no sentido profundo da grande perfeição, não há conduta da qual se possa dizer 'é isso'. Isso está separado da mãe da visão na meditação, agindo a partir do grande não nascido, livre de projeções, é a conduta."* Aqui a conduta ou ação tem um significado diferente do que em outros contextos. Aqui se refere a agir sem estar separado da visão e da meditação que acabamos de descrever.

"Conduta fabricada não é a conduta." Em outras palavras, qualquer tipo de ideia fabricada conceitualmente feita com corpo, fala ou mente não é o tipo de atividade a que nos referimos aqui, mas a conduta é unida à visão na meditação. *"Não alterando nada, rejeitando ou confirmando nada."* A conduta aqui é sem qualquer adoção ou abandono intencional. Quando você unifica a visão e a conduta, você é adornado com as grandes perfeições de conduta e prazer. Tudo o que você faz, é puro, como um lótus não manchado por falhas. Então, quando você age em conjunto, não separado desta visão e meditação, então você é como o lótus, não manchado por qualquer tipo de impurezas ou máculas. Quando você age, sendo sustentado pela visão e pela meditação do Dzogchen, suas falhas imaculadas são como um lótus. Como a visão se conjuga com a compreensão do

espaço, as ações são como fazer uma pintura no espaço vazio. O verdadeiro carma não é acumulado e criado por meio de ações. Os resultados cármicos não são experimentados com ações que são realizadas dentro desse estado, desde que você seja sustentado por essa visão ou meditação.

Assim, corpos não manchados por falhas não acumulam carma. Você não criará nenhum carma negativo. Isso não significa necessariamente que você não criará nenhum carma negativo. Claro, toda a apresentação do carma é uma coisa fundamental aqui para entender que você não mata, não rouba, não se envolve nesse tipo de ação negativa. Portanto, isso não quer dizer que agora não há problema em sair, matar e roubar; isso não está OK. Você precisa entender essas coisas básicas antes de participar de um contexto mais profundo. Este é um exemplo em Dzogchen. Temos esse modo de explicação que usa exemplos, significados e signos. Aqui está um exemplo que usamos. Continuando, temos exemplos de espaço, exemplos de luminosidade, exemplos de indivisibilidade. E também um exemplo com respeito ao espaço: diz que o exemplo que simboliza a bodhichitta é o exemplo do espaço, não produzido.

Dentro do estado de espaço vazio, arco-íris, nuvens, névoa, qualquer coisa pode surgir, qualquer coisa pode aparecer. Então, aqui como um exemplo de arco-íris, nuvens, neblina, diferentes tipos de nuvens coloridas, amarelas, avermelhadas, nuvens escuras – qualquer que seja – pode aparecer no espaço vazio, mas eles surgem desse espaço, permanecem nele e se dissolvem de volta nele. Então, isso simboliza o significado de que saído do espaço do estado natural, as coisas podem surgir e se dissolver nele. Permanece no estado do céu e se dissolve, sem limites, nem centro, nem cor, nem forma, nem parcialidade. O exemplo é o espaço não produzido. Quando olhamos para o céu, ele pode parecer azul, mas esse não é o tipo de espaço que está sendo discutido aqui. Pelo contrário, é a simples ausência de contato obstrutivo, o espaço do espaço. Não tem cor, forma ou partes – é simplesmente a abertura, a ausência do contato obstrutivo do espaço. Simplesmente, o estado natural da mente não tem cor, forma, partes divididas, não tem limites ou centros próprios.

7.

Uma coisa a entender sobre exemplos é que eles não são universalmente aplicáveis. Um exemplo destina-se a aplicar-se a um significado particular. Você precisa ser hábil em usar exemplos para um significado particular. Nesse caso, a ideia de que o samsara e o nirvana surgem do estado natural é bem exemplificado em qualquer coisa que possa surgir no espaço vazio. Mas isso não significa que todas as coisas que aparecem são completamente ausentes como o espaço. Você não gostaria de tornar o exemplo muito abrangente ou que se aplica a todos os casos. Você pode usar um exemplo às vezes, digamos em sua meditação, tentando reconhecer o estado natural pensando como é o espaço, como a ausência de contato obstrutivo no espaço. É um bom sinal para ajudar a reconhecer o estado natural. Por exemplo, se sua mente às vezes é perturbada ou atormentada por algo, pode ser útil refletir sobre esse sinal do estado natural como a ausência do contato obstrutivo no espaço. Quando você entra em um grande espaço vazio, ocorre uma espécie de liberação; não está confinado, você não se sente constrangido. Portanto, contemplar o estado natural do ponto de vista do exemplo de ser como o espaço pode ajudá-lo a liberar estados mentais constrangidos e perturbadores. Na verdade, nosso espaço interno, nosso espaço interno, vai muito além do que é o espaço do espaço de contato desobstruído, porque é a fonte de onde surge todo o samsara e nirvana. É ainda mais abrangente do que o espaço externo.

8.

Desse trio de exemplos, significado e signos, o que vem a seguir são os signos. Na oitava seção, é explicado mais detalhadamente. Temos dois tipos de sinais ou razões: sinais da meditação e sinais do próprio estado natural.

Primeiro, temos os sinais do próprio estado natural: estado, natureza e si.

Isso se refere às aparências básicas, ao espaço e à indivisibilidade dos dois. Dentro do estado, a consciência pode aparecer como qualquer coisa. A consciência aparecendo como forma dentro do estado do espaço pode surgir como qualquer coisa. A consciência natural é vazia; a natureza última é livre de existência inerente. E a natureza do espaço e da clareza é não-dual.

A natureza da sua mente está livre dos extremos dualistas como o sol brilhando no céu. Clareza e espaço são uma unidade, inseparáveis. Assim, o céu ou o espaço é o exemplo do espaço; o sol brilhando dentro dele é um exemplo de clareza, luminosidade e aparência. Esses dois nunca estão separados. Da mesma forma, o estado natural é uma unidade de clareza e espaço, inseparáveis. *Um único, indivisível, bindhu, Emaho!*

A natureza da mente é vazia, sem raízes. O desenraizamento é algo muito importante. Quando você procura o fundamento das aparências no estado natural, não encontra nenhum suporte para isso, não está enraizado em lugar algum. Está vazio. *Quaisquer mentes ou fatores mentais que surjam, eles se dissolvem na própria mente.*

Temos todos os tipos de sentimentos; sentimentos de felicidade, sentimentos de tristeza e assim por diante, mas são falsos porque não existem como parecem existir. Quando as procuramos, não encontramos nenhuma raiz ou suporte, elas têm aparências ilusórias ou falsas. No estado último, todas as coisas ou ambos os lados do sujeito e do objeto são ilusórios, não [são] verdadeiramente existentes; dessa forma, as aparências são falsas.

9.

A nona seção examina a parte do significado do trio de exemplos, sinais e significados. Aqui o significado é referido principalmente ao lado das aparências. Ele diz: *"A natureza última bon é não nascida, da esfera não nascida do bon, todos os bon, possuidores de bon, surgem como qualquer coisa, aparecem como qualquer coisa. Eles permanecem na natureza de bon dissolve em bon; não há produção ou cessação. Na natureza do bon não há parcialidade, não tem significado expresso da natureza Bon, único, inexprimível bindhu Emaho!"* Quaisquer tipos de aparências que surjam, elas não são verdadeiramente produzidas ou cessadas; eles nunca se separam dessa natureza bon, mas se dissolvem nela.

10.

"Quanto à definição da esfera e sabedoria primordial, a esfera é causa pura. Porque na esfera da natureza bon não há nascimento." Esfera em tibetano é ying , sabedoria primordial que traduzi yeshe. Aqui a esfera se refere ao espaço; a sabedoria primordial refere-se ao lado das aparências. Nesse contexto, a sabedoria primordial se refere ao lado das aparências. Se formos descrever essas duas coisas separadas, então a esfera seria como um objeto, como sendo observado pela sabedoria primordial do sujeito. Como olhar para uma flor, o objeto é a flor, e ela está sendo percebida pela consciência subjetiva.

A palavra em tibetano, Jnana em sânscrito, não seria traduzida como primordial ou atemporal, tende a ser simplesmente traduzida como sabedoria ou sabedoria transcendida.

De acordo com este sistema filosófico inferior, esta sabedoria, sabedoria transcendida não seria gerada, não seria desenvolvida até que você atingisse níveis elevados do caminho. Mas o que é referido em termos de objeto, ying, esfera do objeto, estaria de acordo com esses sistemas filosóficos inferiores presente em todos os lugares. Por exemplo, uma flor teria sua esfera de existência, contendo os diferentes elementos e assim por diante.

Portanto, ser postulado como algo separado do indivíduo, não realizado pelo indivíduo, é diferente da apresentação da visão na perspectiva do Dzogchen. No contexto e na prática do Dzogchen, não há esse interesse particular nos objetos externos como existindo separados da mente, mas a atenção é voltada totalmente para a própria mente interna, a mente natural. Nós discutimos esses termos como duas coisas diferentes aqui, mas na verdade estamos falando de duas características da mesma coisa, que são inseparáveis. Eles são considerados mais em termos de ter a mesma fonte, a mesma base e surgir em pureza primordial. É não nascido. Não há identificação de quando começou, quando surgiu, quando foi produzido, não nascido. É inato para nós; está sempre presente.

11.

"Sabedoria primordial, há um resultado em si." A sabedoria transcendente é o próprio resultado, e *"a sabedoria transcendente de luz clara* é incessante". No senso comum das palavras causa e efeito, dizemos que o espaço é a causa e que a sabedoria transcendente que surge é o resultado, mas não é uma causa e efeito verdadeiramente qualificado no sentido usual. Não é o que geralmente entendemos por causa e efeito, porque a sabedoria transcendente que surge desse chamado espaço causal, foi e nunca se separará dele; nunca vai

além disso. Em uma discussão normal de causa e efeito, existem diferentes tipos de causas sobre as quais falamos. Em termos de uma flor, há a causa primária, que é uma semente da qual ela surge; as causas secundárias seriam a terra em que é plantada, a água e o calor e assim por diante que entram em sua produção. Aqui, embora falemos de termos de causa e efeito, não é o significado usual de causa e efeito.

Quando falamos sobre o sentido normal de causa e efeito, há um continuum de tempo envolvido e que a causa vem antes do efeito. Mas no caso do espaço e da sabedoria transcendente estamos falando de pura sabedoria primordial, não há esse tipo de sensação temporal, é atemporal, não há tempo, pode-se dizer que não há tempo.

Luz clara de sabedoria, sem cessar. Há um lado do espaço e um lado da sabedoria primordial que é o lado da aparência. O espaço não nasce; a sabedoria transcendente é incessante. O que se quer dizer com isso é que do lado das aparências, o que surge do espaço, como a compaixão e os atos das seis perfeições, continua sem fim. É incessante. Quando manifestamos o significado, manifestamos a meditação Dzogchen dentro de nós próprios, então a pureza e as aparências espontâneas são invisíveis, são não-duais dentro de nós.

12.

"Uma gota nem nascimento nem cessação."

Essência, nem nascimento nem cessação. A palavra tibetana *Tigle* foi traduzida como essência ou bindhu do sânscrito. No entanto, agora será traduzido como esfera, uma única esfera. A ideia por trás dessa palavra essência ou esfera mostra que ela não tem cantos, não há partes diferentes, é totalidade. Não há partes diferentes dentro dela, não é parcial. Esse é o ponto principal por trás deste termo.

Então, nyag chig é singular, não é dois, é não-dual. Não há dualidade sujeito-objeto; é um. Uma esfera, sem nascimento nem cessação. Corpo Bon único bindhu. Não há como exemplificar o corpo Bon; nenhum exemplo, a sabedoria primordial desponta. Então é dizer que as coisas são parecidas com o que foi dito antes, dizer que não tem como exemplificar, não pode ser expresso em palavras, e mesmo que você use o exemplo para tentar reconhecer o que é, aquele exemplo não é algo concreto que possa ser aplicado universalmente. Significa apenas tentar chegar ao significado. É isso que significa não haver uma maneira real de exemplificá-lo ou expressá-lo. Então isso significa que nada pode vir disso? Não, a sabedoria transcendente pode surgir dela assim como o sol brilha no céu; os raios do sol brilhando do sol.

A seguir, temos referências a cinco tipos de sabedoria que são termos comuns aos sistemas filosóficos inferiores: sabedoria espacial, sabedoria do espelho, sabedoria equalizadora, sabedoria discriminativa e sabedoria realizadora. No entanto, a forma como esses termos são aplicados aqui é um pouco diferente. Nesses outros sistemas, como o veículo de perfeição, as cinco sabedorias seriam consideradas estados subjetivos da mente a partir dos quais os objetos são observados. No contexto Dzogchen, eles são vistos como sendo características da própria mente natural, de serem características do estado natural. *Sem diferenciá-lo, o estado natural é a sabedoria espacial.*

A sabedoria do espelho não tem clareza nem obscuridade. Mas aqui, a sabedoria do espelho refere-se ao fator de não haver maior clareza ou obscuridade para ela. Referências à lua ficando mais brilhante à medida que cresce, e ficando mais escura e obscurecida à medida que míngua – há uma ausência disso no estado natural da sabedoria espelhada.

A sabedoria equalizadora não é alta nem baixa, o que significa que o estado natural não se torna mais alto no caso de Buda ou mais baixo no caso de seres sencientes limitados. É sempre igual.

Mesmo em relação à *sabedoria discriminativa, ser não misturada* significa que, embora o espaço e a sabedoria transcendente sejam uma única esfera, ainda podem ser falados sem misturá-los. Em termos de nossa experiência meditativa, enquanto estamos meditando, às vezes haverá espaço, outras vezes pode haver aparências surgindo dentro dele. Em termos de nossas experiências, isso significa não misturá-las. Ser capaz de discerni-los sem se confundir.

A realização da sabedoria é realizada espontaneamente. Aqui a sabedoria que tudo realiza refere-se a um fator de espontaneidade dentro do estado natural. Todas as qualidades do Buda, todos os fatores, meios hábeis, sabedorias estão presentes espontaneamente. Quando falamos dos corpos ou dos Kayas do Buda podemos categorizar em duas, três, quatro ou cinco formas. Não importa como sejam categorizados, todos estão presentes espontaneamente no estado natural. Esta é a sabedoria que tudo realiza.

Dotado de cinco sabedorias, o prazer é completo. Prazer refere-se ao corpo de gozo completo, que é a forma Sambhogakaya. Quando diz que está completo nas cinco sabedorias, não significa toda a forma, corpo, cor, roupa, ornamentos e assim por diante, mas significa que está tudo lá em potência, que seu potencial está presente em estado natural.

Mostrando quaisquer emanações para subjugar os seres, várias emanações realizam o bem-estar dos seres. As emanações aqui se referem à emanação Nirmanakaya do Buda que pode ser de vários tipos: as emanações supremas, emanações artesanais, emanações não fixas variáveis. Quaisquer tipos de emanações podem surgir do estado natural, do corpo de prazer completo para realizar o bem-estar dos seres.

Na Grande Perfeição dos três corpos, realizada espontaneamente. Não é realizado por outros budas; os três corpos ou três kayas do Buda estão presentes espontaneamente. O ponto principal aqui é que eles não são alcançados fora de nós próprios ou de alguma outra forma. Esta é uma característica incomum e especial dos ensinamentos Dzogchen. Essas qualidades ou corpos do Buda estão todas presentes dentro de nós. Eles simplesmente precisam ser identificados ou reconhecidos. Eles não são realizados. Este é o único caminho: manifestar-se dentro de si. A realização não é alcançada por algum outro Buda fora de si.

O grande castelo Bon espontaneamente completo. Não há nenhum produto, nenhum produtor. Esta palavra, traduzida como castelo, em tibetano é *sekhar*, e em língua antiga pode ser traduzida como templo, mandala ou terra pura, referindo-se basicamente ao ambiente do estado iluminado. O que se quer dizer é que está espontaneamente presente no estado natural, não algo que é produzido por outro ou que cria uma causa para isso.

A grande natureza Bon espontaneamente completa não tem nada completado, nenhum agente de completude. Já está naturalmente completo espontaneamente no estado natural, não há nada para ser concluído, nenhum agente para fazer isso, já está presente nesse estado natural. *O grande samaya primordialmente protegido, não há nada protegido, nenhum protetor.* Aqui, a ideia de compromissos, ou algo para proteger, não se aplica. Lá está samaya, um vínculo, uma conexão próxima que esteve lá desde sempre, primordialmente lá. É primordialmente protegido dentro do estado natural. Normalmente, o que é referido como Samaya são os compromissos que se faz ou os votos que se faz. Aqui eles não são aplicáveis; todos esses compromissos e votos nunca estão fora do estado natural e nunca estão separados do estado natural. Então eles estão todos primordialmente lá dentro do estado primordial.

Não há poder para alcançar, nada que alcance. É a mente primordialmente poderosa e completa. O poder refere-se a uma iniciação *wang* que se recebe quando nos comprometemos ou fazemos votos em relação a uma iniciação. Mas dentro do estado natural, não há iniciação, não há empoderamento a ser alcançado. Empoderamentos e iniciações já estão presentes no estado natural.

No caso de siddhis ou poderes que são alcançados quando falamos em desenvolver realizações supremas ou comuns, o estado natural é o grande oceano de realizações, no qual todas as realizações já estão completas. Não há novas conquistas a serem conquistadas. *Na grande luz clara espontânea, não há estágios de realização.* Assim, na luz clara, todas as conquistas, todos os estágios estão contidos e espontaneamente presentes nela. Em outros veículos, há muitos estágios que são passados no caminho para a iluminação. Às vezes, eles são mencionados como os dez ou onze motivos ou estágios. Em alguns textos, são passados quinze estágios diferentes. Mas aqui, não há estágios para passar porque todos eles estão presentes espontaneamente no estado natural de luz clara. *Não há nenhum estágio de realização na grande liberdade espontânea e completa [livre] do esforço. Não há estágios de caminho em absoluto.*

Cinco caminhos são geralmente discutidos nos ensinamentos do sutra e do tantra. Todos estes são postulados do ponto de vista dos conceitos comuns, da mente comum. No estado natural, não existem tais distinções. *No grande autossurgimento espontâneo e completo, não há nenhum resultado específico.* A espontaneidade refere-se a todas as qualidades que estão presentes. Autossurgimento significa que eles estão primordialmente presentes. Portanto, não há resultados específicos que surgem recentemente.

Na grande completude de tudo, não há estágios ou veículos. Não há etapas de nove veículos diferentes para percorrer ou praticar; todos eles já estão presentes espontaneamente.

Não inexistente, o significado essencial é permanecer no caminho do Estado. Uma joia é clara como a água brilhante, é um estado singular claro sem diminuir. Único bindhu, livre de extremos, única esfera do corpo Bon. O significado essencial aqui, comparado a este exemplo de uma joia em uma água brilhante, refere-se a um tipo especial de pedra ou joia que é dito quando é colocada na água, que purifica a água. Nenhuma contaminação pode permanecer na água. Quando você percebe o estado natural, ele nunca se torna mais claro, nunca diminui, está livre de todos os extremos, livre de todos os perigos, nada pode prejudicá-lo e permanece nesse estado. Não faria nenhuma diferença se você fosse para terras puras e visse Budas ou se você fosse para reinos infernais e visse seres infernais, nada afetaria a realização do estado natural.

Quando você percebe que tudo é como o corpo Bon, é como ir para uma ilha dourada de joias. Se alguém não entende a visão e a prática do Dzogchen, eles se envolvem em todos os tipos de processos de pensamento diferentes à medida que surgem e esses processos de pensamento causam sofrimento. Mas para uma pessoa imersa na prática do Dzogchen, ela não segue ou acredita na realidade do processo de pensamento que surge, então nada pode ser prejudicial. É como se onde quer que eles vão, fosse uma terra pura dos Budas. Assim como o exemplo de ir para a ilha das joias ou ilha dourada, não se trata de algum outro lugar em particular, mas da ideia de que se você chegasse em tal lugar, nunca encontraria uma pedra comum ou algo assim, tudo seria feito de joias. Quando você tem a prática da grande perfeição ou Dzogchen, então onde quer que esteja, onde quer que vá, é sempre a experiência da terra pura do Buda.

Mesmo quando não temos uma compreensão completa da percepção dessa qualidade, ela ainda pode se aplicar a nós de tempos em tempos, à medida que entramos na prática. Digamos que estamos perturbados por alguns tipos de pensamentos ou circunstâncias que surgem, podemos chegar a um ponto em que entendemos a natureza sem raízes dentro de nós. Podemos reconhecer que as coisas que percebemos são falsas, não têm nenhum suporte verdadeiro por trás delas, não podem ser encontradas. Outros textos falam de um ladrão entrando em uma casa onde não há nada para roubar; o ladrão finalmente percebe que não há nada para roubar lá. De maneira semelhante, os objetos que surgem e perturbam a mente podem ser percebidos como falsos, não tendo uma existência verdadeiramente estabelecida. Você pode ter uma espécie de experiência do que está sendo falado aqui, mesmo que não percebamos completamente.

Esse tipo de benefício às vezes pode ser alcançado na prática, especialmente se a prática for bastante poderosa. Por exemplo, se estamos muito irritados com alguma coisa, aplicando a prática poderosamente a ela , podemos obter alívio, ela pode ser transformada. É como ter um elixir capaz de transformar materiais comuns em ouro. Ou pode ser como uma pedra muito quente sobre a qual cai neve que imeiatamente evapora e derrete. A prática poderosa pode ter esse tipo de efeito em nosso estado mental, esse tipo de benefício quando estamos muito perturbados por alguma coisa. Este é o tipo de qualidade que acontece quando alguém é um verdadeiro praticante de Dzogchen. Este é o tipo de efeito que é percebido.

Para o verdadeiro praticante de Dzogchen, não há parcialidade; essa é a visão, essa é a visão descritiva da meditação em ação. Você percebe a igualdade na meditação. Se você percebe a igualdade, isso se refere a perceber a ausência da dualidade sujeito-objeto, não aceitar ou rejeitar aquilo que é conduta; como a conduta é encenada sem forte apego — por exemplo, pensar 'isso é algo que eu preciso me livrar e rejeitar, isso é algo que eu preciso adotar e aceitar'. Não há esperança ou medo - esse é o resultado. Quando você está imerso em meditação, não há esperanças de que 'oh, pode ser que eu nasça na terra pura dos Budas', ou o medo de que 'oh, pode ser que eu nasça no inferno', ou 'eu vou continuar a renascer no ciclo da existência cíclica de sofrimento ou samsara.' Esses tipos de apreensões ou esperanças estão ausentes. Este é o resultado.

O yogi que percebe a natureza da mente é como a prole do garuda e do leão, rasgando os três selos, três energias criativas estão completas. O garuda e o leão não são os animais comuns que pensamos como um leão da floresta. Estas são criaturas mais míticas. O Garuda ou o leão da neve, o leão que vivia na montanha de neve, são criaturas mágicas. Eles têm capacidade de voar e assim por diante. Então, rasgar os três selos significa que eles estão realmente livres do nascimento de uma mãe ou de um ovo ou qualquer outra coisa.

Isso se refere à plena realização da prática na qual o estado natural se manifesta plenamente, como no momento em que a consciência está livre do corpo. Em todo caso, simboliza quando o estado natural se realiza livremente. Com as limitações ou falhas presentes em nosso corpo, pode ser difícil manifestar plenamente todas as qualidades do estado natural. Uma vez liberados do corpo, é mais fácil manifestar o estado natural. Enquanto estamos vivos, temos que agir de acordo ou considerando ter um corpo; não é tão fácil perceber o estado natural. Com o exemplo de dizer que um copo se quebra; contanto que não esteja quebrado, o espaço que está dentro dele está separado do espaço externo. Quando está quebrado, o espaço interno pode se unir ao espaço externo. Da mesma forma, quando somos liberados do recipiente do corpo, é mais fácil nos fundirmos com o estado natural. Se tivermos alguma experiência com a prática, então, no momento de nossa morte, seremos capazes de expandir nossa prática e ter ainda mais benefícios de nossa prática. *Manifestar a realização é a própria budeidade, realizada espontaneamente sem prática. Sem esforço, mantenha o espaço. Sem clarear, as delusões são clareadas. Sem expansão, a sabedoria primordial se expande.*

Sem ir, você vai até o fim. Sem as coberturas obscurecendo, tudo é claro. Sem transcendência, a dor é transcendida. A única esfera do nirvana, Emaho!

Não é aplicando esforço que as ilusões são eliminadas. Não é aplicando esforço para expandir que ela se expande. É simplesmente eliminando os obstáculos, eliminando o obscurecimento que são as ilusões encobridoras que elas são eliminadas. A sabedoria primordial se expande. Como no exemplo de quando um vidro é quebrado, quando o obscurecimento ao estado natural é removido, é quando a Budeidade é realizada. Não é uma nova Budeidade que é alcançada ao se esforçar para criar causas de outra maneira.

Esta é a expressão do grande tantra; o tantra é totalmente confiado. Novamente o professor disse, única esfera de bodhichitta, a grande perfeição é o rei é todos os Tantras .

A principal coisa nesta última seção expressa o quão importante é esta escritura.

Samantabadra aqui não se refere a uma deidade, mas sim ao estado de iluminação natural que está presente dentro de cada um de nós. Dele emana Sambhokaya, o corpo de prazer, e daí, Nirmanakaya, o corpo de emanação.

O texto refere-se a um lama em particular, Nangzher Lopo, que viveu no século VII[a], a quem o estado natural apareceu no aspecto de Samantabadra, e de quem recebeu esse ensinamento. Ele era o rei de Zhang Zhung naquela época. Foi ele quem teve a visão, quem recebeu este ensinamento e primeiro o registrou por escrito.

Existem muitas transmissões orais diferentes do Bon, do Zhang Zhung, e essa transmissão em particular que recebemos foi de Lopon Tenzin Namdak. Em particular, o nome que tem é as *Doze Linhas de Suástica*. Caso contrário, é conhecido como gyu buchung chunyi, que significa 12 *Tantra de Criança Pequena* ou *Tantra de Criança*. Mestre Dzogchen Namkhai Norbu Rinpoche, que estudou e examinou este assunto, afirmou que este é o texto raiz da transmissão oral de Zhang Zhung Dzogchen. Entre os muitos ensinamentos diferentes e os comentários nos ensinamentos do Bon Dzogchen, este é a própria raiz de todos eles.

Perguntas e respostas relacionadas a este tópico.

P: Esta referência ao caminho das palavras ou caminho do significado sendo conjunto. Você explicaria um pouco o que isso significa?

R: O caminho das palavras em conjunto com o caminho do significado tem a ver com o que estamos fazendo aqui. Neste momento estamos tentando descrever algo de forma a ajudá-lo a reconhecer o caminho real, o caminho do significado que é muito sutil e difícil de reconhecer. Não há palavras presentes neste estado primordial, mas as palavras são usadas para alcançar o nível mais sutil de compreensão real. As palavras existem para mostrar o caminho, mostrar a via para o caminho, mas dentro do próprio caminho, não há palavras.

P: Verificação de e-mail, podemos enviar texto.

R: Mas enquanto isso, apenas para corrigir o melhor que podemos, o que temos em mãos agora, quero fazer um pequeno critério para colocar lá, então na página

4, linha dezesseis onde diz "não é encontrado quando procurado." mas na próxima linha, o tipo de mudança está lá, apenas expulse o que estava lá antes. Mesmo que você não procure, nunca se perde, diz que deve ser procurado, mas não é encontrado. Mesmo que você não procure, nunca é perdido. Mesmo que você não o procure, ele nunca é perdido. E então o próximo resulta em bodhichitta, sem causa.

P: Eu só quero esclarecer entre permanência e niilismo, nascimento e morte, aparência e não aparência?

R: Aparência e espaço. Assim, sendo para esses dois extremos de aparência e espaço, podemos dizer que é vazio, mas não o espaço como é concebido pela mente como na descrição do pensamento comum. Está dizendo que está além dos extremos de permanência e niilismo. Da mesma forma, podemos dizer que é permanente, mas não permanência como concebida pela mente comum. Então, do ponto de vista da discussão dialética, a impermanência e as coisas permanentes são vistas como contraditórias, e você pode apresentar algo como permanente. No entanto, dizer que o estado natural está além da impermanência e do niilismo significa que ele não é permanente, pois é designado por pensamentos e palavras comuns. Então, se isso for examinado do ponto de vista das pessoas que fazem o debate dialético, elas terão muito o que discutir. O mais importante é obter uma experiência do que estamos falando aqui dentro de você.

[Traduzido para o português por BlueBird]

Agradecimentos

Gostaria de expressar minha sincera gratidão a todos que contribuíram para a criação deste livro. Em particular, agradeço do fundo do coração a Toni Bauer e David Molk. Traduzido para o português por BlueBird, Carlota Pinheiro, Ram Krishna e sua equipe; agradeço também a muitos outros pelo apoio constante. Além disso, dedico todas as bênçãos e méritos decorrentes deste livro a todos os voluntários da Kunsang Gar International, bem como aos alunos e patrocinadores que residem em todas as todas as partes do mundo.